# LES
# PLAINTES DE
## LA CAPTIVE CALI-
## STON, A L'INVINCIBLE
### ARISTARQVE.

1605.

## AV LECTEVR.

LEcteur, ie fçay bien que ce petit poëme ne meritoit point de voir la lumiere. Il ne l'euſt point veuë ſans la dignité du ſuiect qu'il traite. Le veux tu ſçauoir? c'eſt de la clemence. Auſſi ie ne l'ay mis au iour tant pour preſumer me faire cognoiſtre comme Poëte, que pour publier combien eſt humain le Prince en l'honneur duquel ie l'ay compoſé. C'eſt plus pour luy donner de la gloire, que pour m'en acquerir de la reputation. Croy moy, c'euſt eſté dommage que la derniere action qu'il a rëdue de ſon humanité depuis peu de temps, fuſt déniee à la poſterité. Ce ſera generalement vne merueille à tout le monde, aux Roys particulierement vn exéple. Il eſt bon que ceux qui nous doiuét ſucceder ſçachent vn iour par les monumens des hiſtoires les choſes que nous auõs veuës par nos yeux. I'entends parler de la douceur de ceſt inuincible Monarque, auquel rien ne peut tomber en comparaiſon que luy meſme qui eſt incomparable. Iamais il n'a rendu ſon courage ny ſes armes qu'à la pitié. Mais il n'a pas moins de gloire de ſe vaincre par la compaſſion dedás le conflit des appetits de la vengeance, qu'à reſter victorieux par ſa valeur dedans l'horreur des batailles.

A ii

On peut appeller vrayement Royale & digne de sa grandeur la clemence dont il a vsé, puis qu'il a eu la bonté pour pardonner les offenses, lors qu'il a eu la puissance pour les punir. Il ne luy manquoit rien à les venger. Mais il ayme mieux faire repétir par son indulgence ceux qui ont prouoqué le courroux de sa Maiesté, que de les chastier par sa iustice. Beaucoup sont bons parce que leur foiblesse ne leur permet pas d'estre mauuais. Luy, n'est iamais pl' clemét que lors qu'il est plus puissant. Mais à quoy cháter d'auantage ses vertus en ceste epistre? Le discours suyuant t'en dira bien autre chose si tu le lis. Reçoy le en bonne part.

# LES PLAINTES DE
## LA CAPTIVE CALISTON
### à l'inuincible Aristarque

La belle Caliston prisonniere arrestee,
Déplorant le desastre où elle estoit portee,
 Ayant en pleurs les yeux & le cœur en soucy,
S'estoit couuert le corps de maints voiles funebres,
Et dans vn monument obscurcy de tenebres,
 Descendit toute seule, & se plaignoit ainsi.
Lieux du monde esloignez, effroyables & sombres,
Habitacles des morts, ie me plais dans vos ombres,
 Vos nuicts vont m'aueuglant pour ne voir mes malheurs,
L'obscurité me plaist, le Soleil m'importune,
Et sans voir par mes yeux ce que i'ay d'infortune,
 C'est assez qu'en mon cœur i'en sente les douleurs.
De tant de maux diuers ma fortune est suiuie,
Que ie vay souhaittant n'auoir point eu de vie,
 Ou sans long temps languir arriuer à la mort,
Ainsi que le nocher tourmenté de l'orage,
Voudroit n'auoir encor commencé son voyage,
 Ou passant les perils surgir dedans le port.
Quel astre de malheurs éclaira ma naissance,
Que mes iours ne soient rien qu'vn tableau d'inconstance,

Vne humeur de fortune & de legereté?
He! qu'ay-ie fait au Ciel qui me soit si contraire,
Que chacun maintenant déplore en sa misere,
Celle qu'on admiroit en sa felicité.
O de nos ans mortels dissemblables iournees,
D'infortunes & d'heur diuersement bornees,
Destins par trop cruels aux humains inegaux,
I'ay receu vos faueurs, ie voy vos iniustices:
Me fistes vous gouster le plaisir des delices
Pour me faire sentir le desplaisir des maux?
Mortelle ambition, vanité desreglee,
Qui promettois tant d'heur à mon ame aueuglee
Tu m'as sous tes douceurs vn poison appresté:
Honneurs iadis si chers vous m'estes detestables,
Car tous vos biens sont faux, vos maux sont ve-
ritables,
Vostre gloire n'a rien qu'vn esclat de beauté.
Toy maligne fortune à qui tout fait hommage,
Royne des cœurs mortels, la source de dommage,
Et la fin de tout bien, Deité sans raison,
Maintenant ie cognois quelle est ton inconstance,
De t'auoir creu iadis ie tombe en repentance,
Mais las ce repentir me vient hors de saison!
Mille bruits incertains me tiennent en ceruelle
Quand i'entens les rumeurs d'vne triste nouuelle,
Et n'y puis toutesfois de creance adiouster:
Aristarque, ce di-ie, est vn Prince traitable,
Celuy dont la valeur à tout fut indomtable,
Lairra-il ses vertus au courroux surmonter?

Pensant à sa douceur, quelque grace i'espere,
Et puis tout aussi tost croyant tout le contraire,
 Ie n'attens plus sinon qu'vn arrest pour souffrir,
 Et tout le long des nuits en songeant il me semble.
 Les accusez & moy de nous voir tous ensemble,
 Sur le dernier theatre à la mort nous offrir.
En l'angoisse où ie suis ie n'ay nulle asseurance,
Tantost ie suis en peur, tantost en esperance,
 Mille pourtraits de mort sont en mon souuenir:
 De ces diuers pensers ie prens vn triste augure,
 Car par songe ie crains que ie ne me figure
 Ce qui par verité me pourroit aduenir.
Mais il faut tous au ciel rendre pareilles graces,
Comme pour le bon-heur, pour le mal des disgraces:
 C'est aux euenemens qu'il se faut asseurer:
 Ie me resous à tout ce que le Ciel me donne,
 Heureuse ie seray s'il faut qu'on me pardonne,
 Constante on me verra s'il me faut endurer.
Apres que la captiue eut finy sa complainte,
Sortant de la prison où elle estoit contrainte,
 Vient trouuer Aristarque, en vn si riche atour,
 Qu'on eust dit à la voir superbement vestuë,
 Qu'en cest estat de pompe elle estoit resolue,
 Plustost que par pitié le vaincre par amour.
Vn chacun des Archers si tost qu'il la regarde
En deuient le captif au lieu d'en estre garde.
 Amour par les attraits de ses beaux yeux humains
 Sur tous vne victoire emportoit si soudaine,
 Que comme aux Grecs vaincus par les beautez
  d'Helene,

Les armes doucement leurs tomboiët de leurs mains.
Lors que ces crespes noirs luy couuroient le visage,
Elle estoit comme vn temps tout sombre de nuage
   Où l'on ne voit sinon que de l'obscurité:
   Mais quand elle eut changé ses vestemens funebres,
   Il sembloit vn Soleil, quand apres les tenebres
   Ses rayons espandant il a plus de clarté.
Ses beaux cheueux dont l'or en ondes se délie
Leur parade faisoient de bouquets d'Italie,
   Son chef ainsi flory ressembloit vn printemps,
   Ses beaux tetins ouuers d'vn gaze elle decore,
   On diroit à la voir de la Deesse Flore,
   Lors qu'elle ouure sa robe en voyãt vn beau temps.
En son visage alors se changeoient toutes choses,
En la blancheur des Lys, le vermeil de ses roses,
   Et maints pleurs mollement distilloient de son œil,
   Au trauers du Cristal de leur source esclarcie
   Paroissoiët ses beaux yeux, ainsi qu'vn peu de pluye
   Qui tombe quelquesfois lors que luit le Soleil.
Maints Diamants luysoient sur ses mains gracieuses,
Son col estoit orné de pierres precieuses,
   Sy. qu'on la iugeroit par la seule raison,
   En la voyant marcher si pompeuse & si belle,
   Pour nouuelle espousee, & non pour criminelle,
   Qui d'vn Temple sortoit plustost que de prison.
La Deesse Iunon superbement paree
Pour plaire à Iupiter dont elle est desiree,
   Ayant les yeux armez de flames & de traits,
   Quand entre tous les Dieux au milieu du conuiue,
   Son mary saluant, magnifique elle arriue,

                              Pour

Pour luy gaigner le cœur:n'eut iamais tãt d'attraits.
Aristarque,dit-elle,il est temps à ceste heure
Que s'il est destiné qu'il faille que ie meure
Auant que de partir d'aller parler à toy:
Permets moy cest honneur deuant ma fin derniere,
Vse de ta clemence enuers ta prisonniere,
Me iugeant comme Amant & non pas comme Roy.
Prince qui tiens les cœurs sous ton obeissance
Autant par ton Amour comme par ta puissance,
Donne moy ce seul point que ie t'ay demandé,
Que le soupçon de moy en ton esprit s'oublie,
Autant par la pitie humble ie t'en supplie,
Comme par les attraits i'ay sur toy commandé.
Iamais ie ne croiray ton ame inexorable,
Car elle est trop humaine,& moy trop miserable
Pour ne te point toucher d'vn seul trait de pitié:
Doncques que par ma mort ta rigueur ne cõmãce,
Mais fay moy maintenant ressentir ta clemence
Autant que ie senty iadis ton amitié.
Toy qu'entre les mortels le Ciel voulut eslire,
Comme digne iugé de regir cest Empire,
Où va ta Maiesté representant les Dieux:
Tousiours par tes vertus fay toy voir admirable,
Croy que l'humanité te peut rendre adorable,
Comme la cruauté te peut rendre odieux.
Sans fin est ta clemence ouuerte à tout le monde,
Ta rigueur est sterile, & ta douceur fœconde,
Sur tous égallement tu respans ta bonté:
Si quelqu'vn te fait tort tu as l'ame si bonne,

B

Que s'il est pauure ou grãd tousiours tu luy pardõne
Ou bien pour sa misere, ou pour sa qualité.
Mais quand i'aurois cest heur de ressentir ta grace,
C'est peu si au pardon les autres de ma race,
 Et mõ pere & mõ fils n'õt pour eux quelque part:
 Ta grandeur deust auoir pitié de leur foiblesse,
 L'vn est desia grison l'autre est en sa ieunesse,
Les Roys comme les Dieux douuent punir à tart.
Mon frere prisonnier te fait mesme priere,
Et pourtant s'il te plaist ne le reiette arriere,
 Son crime pardonnant tu en auras guerdon:
 Reçoy donc les raisons de ma foible innocence,
 De luy le repentir qu'il a de son offense,
L'honneur t'en reuiendra comme à nous le pardon.
Aristarque sois doux, car il faut que tu pense
Que l'ornement des Roys prouient de la clemence,
 Vne gloire à iamais en illustre ton nom,
 Car ta mesme douceur qui pardonne aux cõplices,
 En la grace changeant la peine des supplices,
Leur va donnant la vie, & à toy le renom.
Tu te monstres en tout si bontif & si iuste,
Que l'on ne parle plus des loüanges d'Auguste,
 Nul Monarque que toy l'on ne peut iamais voir,
 Qui ait sur sa colere vn pouuoir si supréme,
 Ce qui peut faire armer la patience mesme,
Ne peut pas seulement ton courroux émouuoir.
Ta pitié qui iamais ne trouua de semblable,
Mesmes aux immortels te rendra comparable:
 Nul crime à la rigueur ne te sçauroit porter:
 D'vn grand honneur sera ta loüange suiuie,

Si par l'humanité tu me donnes la vie,
Comme par le pouuoir tu me la peux oster.
Que si c'est ton plaisir que mon sang y demeure,
Terme moy le moment qu'il faudra que ie meure:
Le mal venant de toy me tient lieu de bon heur:
Car pour mieux contenter la faim de ton enuie,
A toutes tes rigueurs ie donneray ma vie,
Comme à tes volontez ie donnay mon honneur.
Mais las! que de mon fils l'aage encor innocente,
De ton iuste courroux la fureur ne reßente,
Et ne porte le mal pour la cause de moy:
Que si tu le hays pour l'amour de sa mere,
Sois naturel vers luy comme en estant le pere
Et sois son protecteur comme tu es son Roy.
Mais quelle opinion en ton ame est empraincte,
Qu'ayant si tost perdu mon amour & ma crainte,
I'eusse fait vn complot afin de t'offenser?
Trop côme Amāt ie t'ayme, & en Roy te reuere:
Tu ne me dois iuger capable de le faire,
Non plus que ie t'ay creu de le pouuoir penser.
Quoy? que l'ambition m'ait fait deuenir telle,
Subiette irreuerente, & maistresse infidelle,
Mon cœur estant vaincu du desir de regner:
Ie sçay trop bien le mal que produit ceste enuie,
Par le mesme suiect i'ay veu perdre la vie,
Par lequel on vouloit la Couronne gagner.
La mort de Polemon m'osteroit ce courage,
Le bien d'vn tel souhait, par la peur du dommage,
Qu'en loyer il reçeut, i'aurois bien tost perdu:
Deuant mes propres yeux ie voy sa fin depeincte,

B ij

Ce qui fut son malheur seroit il pas ma crainte?
Quand bien sans iugement i'y aurois pretendu?
Mon espoir seroit vain en m'y faisant attendre,
Et si par vn orgueil ie desirois pretendre
  A ce que par le droit ie ne sçaurois auoir:
  Pourrois-ie mettre à fin ou sãs force ou sãs guerre,
  Le malheureux dessein que tous ceux de la terre
En l'esprit seulement n'oseroient conceuoir?
Puis d'arracher vn sceptre il seroit impossible
Hors de la forte main d'vn Hercule inuincible,
  Iusques à ce degré mon desir n'est porté:
  Ce fut à mes beautez vne assez grande gloire,
  D'auoir eu par l'amour dessus toy la victoire
Sans tenter par l'effort l'impossibilité.
Car pour me contenter sans vouloir dauantage,
Le Ciel assez d'honneur me fist cheoir en partage,
  Si belle me formant que ie t'ay peu gagner,
  Et par vne raison ma puissance est plus grande,
  De me voir commander au Prince qui cõmande,
Que si sur les suiects ie desirois regner.
Pense aux plaisirs passez de ta flamme premiere,
Voy moy comme maistresse & non en prisonniere,
  Si quelque sentiment te point iusque à ce iour,
  Ne permets s'il te plaist qu'on m'ordõne de peine,
  Ne fay point ressentir vne rigueur de hayne
A celle à qui tu fis tant de preuues d'amour.
En tes iardins Royaux où la Rose muscade
Embrasse les Lauriers & se voute en arcade
  Sont escrits nos deux nõs sur le front d'vn Cyprés:
  Puisses tu beau Cyprés croistre de telle sorte,
  Que des futurs vn iour lors que ie seray morte,

Ce symbole de cœurs se puisse lire apres.
Ce n'est pas d'auiourd'huy que i'ay la cognoissance,
Que ie suis asseruie aux loix de ta puissance,
   Mon salut & ma mort sont dessous ton plaisir,
   Qu'il me soit fait vn tort ne vueille point permet-
     tre,
   En mon premier estat tu me pourras remettre,
   Si comme le pouuoir tu en as le desir.
Aussi tost qu'Aristarque eut ouy ceste plainte,
De maints traits de pitié son ame fut attainte:
   De son throsne il se leue & d'vn visage humain
   Ietta sur Caliston vne œillade tournee;
   Quelque temps sans parler il la vit prosternee,
   Puis pour la releuer il luy presta sa main.
En captiue (dist-il) ô beauté glorieuse,
On vous amene à moy, allez victorieuse
   Aux autres annoncer que ie pardonne à tous:
   Si i'vse en vostre endroit d'vne clemence telle,
   Ce n'est tant à raison que vostre grace est belle,
   Que pour vo° tesmoigner que vostre Prince est dous
Des prisons de vos yeux mon esprit ie desgage,
De ma seule Iunon ie veux aymer l'image,
   A la fidelité ie consacre mes Vœux,
   Desormais, Caliston, ie serois trop blasmable,
   D'auoir pour mon espouse vne Royne adorable,
   Et vouloir m'enlasser ailleurs qu'en ses cheueux.
Ie croy que quand elle eut ceste parole ouye,
Elle fut tout ensemble, & triste & resiouye,
   Son plaisir ne fut tel quand elle eut escouté
   Ce fauorable arrest qui la mist hors de peine,

Comme au cœur ce luy fut vne cruelle geine
D'estre hors de la grace où elle auoit esté.
Car celuy qui s'est veu la fortune propice,
Du haut des dignitez tombant au precipice,
Trouue plus son declin difficile à porter,
Que celuy qui menant paisiblement sa vie,
Aux charges des honneurs ne l'ayant asseruie,
Pour ne descendre bas ne s'est veu haut monter.
Combien l'hõme est heureux qui du bord d'vn riuage
Voit les vns dans le port, les autres au naufrage,
Sans en prendre d'allarme & sans s'en esmouuoir:
Qui voit, sans que sa vie en rien soit trauersee,
Esleuer la grandeur aussi tost renuersee,
Et sans crainte de perdre, & sans desir d'auoir.
Elle eut en escoutant ces termes de clemence,
Au visage vn respect, en la bouche vn silence,
Et dessus Aristarque eslançoit maints regards
D'vn œil demy tourné, cõme on voit aux peintures
Venus qui de costé tire maintes pointures
Du profond de ses yeux dedans les yeux de Mars.
Quel' ame de rocher insensible, ou constante,
A ces charmes puissants eust esté resistante,
Qui n'eust bien tost changé sa hayne en amitié
Se voyant attaquer de toutes sortes d'armes?
Les appas sur le front, dedans les yeux les larmes,
C'estoit estre assailly d'amour & de pitié.
Ton cœur en la voyant se rendoit vulnerable.
Car sans estre amoureux, ou estre pitoyable,
On ne la peut voir belle & en affliction:
Tel la plaint par pitié la voyant criminelle,

Qui d'autre part aussi la regardant si belle,
Estant vaincu d'amour l'ayme de passion.
O d'vn Prince si grand douceur incomparable,
Salutaire aux absous, & pour toy memorable,
 Qui mesme apres ta mort fera ton nom florir:
 Ce n'est point vers le sang que ton sceptre s'adonne,
 Par vn bon naturel à ceux là tu pardonne,
 Que par l'authorite tu peux faire mourir.
On ne sçauroit blasmer vne bonté si grande,
On sçait que ce n'est point l'amour qui te commande.
 Et cet acte pourtant en est plus admire:
 Mais si de Caliston on te vouloit reprendre,
 Ie veux dedans ces vers ta clemence deffendre,
 Et pour la soustenir ces raisons ie dire.
Que s'il estoit ainsi qu'elle fust conuaincuë:
Et que par la pitié ton ame estant vaincuë
 Ne luy voulust donner vn arrest de trespas:
 En cela comme humain tousiours tu es louable:
 Si d'autre part aussi elle n'est point coupable,
 Iuste on te doit nommer, ne la condamnant pas.

De COVLLOMBY de Caen.

www.ingramcontent.com/pod-product-compliance
Lightning Source LLC
Chambersburg PA
CBHW070434080426
42450CB00031B/2413